Grisette

y el cepillo de dientes mágico

Texto de Natacha Godeau
Ilustraciones de Axelle Vanhoof

AUZOU

Es de noche y, en el mundo subterráneo
de los ratones, Grisette está aburrida.

—No sé qué hacer… —suspira.
De repente, suena la campanita. ¡Atención, Grisette! A un niño se le ha caído un diente. ¡Hay que ir a buscarlo debajo de su almohada!

¡La ratoncita debe salir a cumplir su misión rápidamente! Se pone sus zapatos de faena mágicos y después mete un regalito sorpresa en su mochila también mágica. ¡Yupi! ¡En marcha!

A la salida de la madriguera, como siempre, Grisette saluda al guardia real de los ratones.
—¡Hasta luego, Hamelín!
—¡Ve con cuidado, Grisette! —responde él.

Muy contenta, la ratoncita mueve sus bigotitos y después golpea tres veces el suelo con el tacón. ¡Zas! Sale propulsada hacia el cielo estrellado.

¡Grisette vuela de noche como un cohete!
Poco después, sus zapatos se posan sobre el alféizar de la ventana
abierta de Amelia, la niña a la que se le ha caído un diente.

¡Zas! ¡Zas! Grisette se cuela en la habitación.
¡Zas! ¡Zas! Trepa hasta la cama…
Pero, espera, ¡Amelia no está!

Intrigada, mira por la casa. Busca a Amelia por todos
los rincones. Finalmente, la encuentra en el baño.

Amelia se mira la boca en el espejo que hay encima del lavabo.

—¡Oh, no! —se lamenta—. Justo se me ha caído uno de los dientes de delante. ¡Todos se burlarán de mí!

—¡Claro que no, Amelia! —la
tranquiliza su padre.
—A todos los niños se les caen
los dientes de leche para que
puedan salir los bonitos dientes
definitivos —le explica su madre.

Pero Amelia no está muy de acuerdo.

—¡Pues yo prefiero quedarme con mis dientes! —refunfuña—.

¡Así que no me voy a volver a lavar los dientes nunca más!

Amelia coge su cepillo de dientes y lo tira a la basura.

Grisette arruga el hocico con preocupación.
¡Eso no puede ser! Es muy importante cuidarse los dientes.
Sin dudarlo, decide ayudar a Amelia.

¡La ratoncita mágica tiene un plan! Golpea tres veces el suelo con el tacón y ¡zas! Vuela en dirección al bosque de los Duendes, a orillas del río.

Esa noche, en su taller escondido entre los juncos, los duendes tejen hilos de savia mágica con los que se hacen los mejores cepillos de dientes del reino mágico.

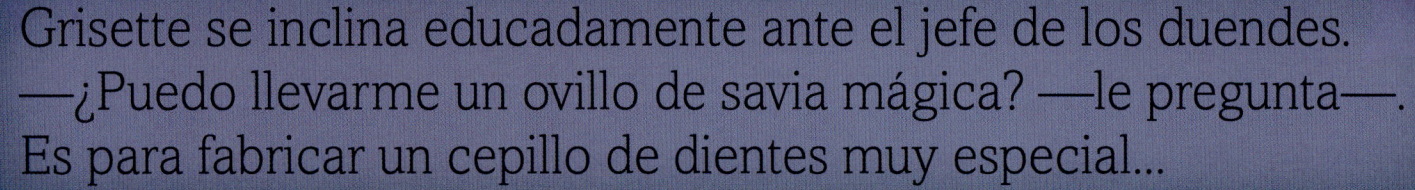

Grisette se inclina educadamente ante el jefe de los duendes.
—¿Puedo llevarme un ovillo de savia mágica? —le pregunta—.
Es para fabricar un cepillo de dientes muy especial...

El duende frunce el ceño.
—Está bien, pero a
cambio me haría falta
una bobina de hilo de
seda —le responde—.
Es para coser mi
pantalón favorito…

17

Grisette asiente con la cabeza. En efecto, el pantalón
del duende está muy roto.

—Lamentablemente, no tengo hilo de seda —le dice con pena.

—Bueno, ¡qué le vamos a hacer! —responde el duende
decepcionado mientras se aleja.

Afortunadamente, la ratoncita mágica tiene otra idea.
Aquí está, corriendo hacia la morera más antigua
del bosque.

La familia Bombyx vive en lo alto de este árbol frutal.
Las mariposas adoran dormir en las flores de morera.
Cuando ven llegar a Grisette, todos vuelan hacia ella
para recibirla.

—Siento haberos despertado —se disculpa la ratoncita—,
pero necesito hilo de seda.

—¡Qué suerte! —responde enseguida mamá Bombyx—.
Nuestros pequeños gusanitos acaban de salir de sus capullos.
Ya son preciosas mariposas...
—Y como los capullos son de hilo de seda, ¡puedes cogerlos,
Grisette! —añade papá Bombyx.

Feliz, la ratoncita corre hacia la guardería de mariposas.
Encuentra fácilmente la rama llena de delicados capullos.
Dos están abiertos. ¡Son más que suficiente!

Grisette los coge muy contenta. Por supuesto, no se olvida de agradecérselo a la familia Bombyx, así que les lleva una flor bien dulce para libar y vuelve a toda prisa al bosque de los Duendes…

De camino, Grisette se encuentra con la señora Hilandera, la araña.
Como todas las noches, su amiga teje su telaraña en un arbusto.
—¡Ahí llevas un buen hilo de seda, Grisette! —exclama al ver
los dos capullos—. ¿Quieres que te lo hile en una bobina?

La ratoncita mágica no duda en aceptar. Así, el hilo de seda estará listo para utilizarse. Para agradecérselo, Grisette coge para ella una dulce mora para picotear. Después, retoma la marcha.

Grisette llega por fin al bosque de los Duendes y dice orgullosa:
—¡Hecho!
Le regala una bobina de hilo de seda al jefe de los duendes,
quien le da a cambio un ovillo de savia mágica.

La ratoncita lo mete en su mochila mientras recita:
—¡Abracadabra, que aparezca un cepillo de dientes mágico para Amelia!

La mochila tiembla y emite destellos mágicos.
Después, Grisette golpea tres veces el suelo con el tacón y ¡zas! Está de vuelta en casa de la niña.

¡Shhhh, ni un ruido! Amelia duerme en su cama.
Uno, dos y tres, Grisette trepa por la colcha. Uno,
dos y tres, se cuela bajo la almohada para llevarse
el diente de leche y dejar a cambio su regalo especial:
¡un cepillo de dientes mágico que emite música
cuando se utiliza!

Más tarde, de vuelta en el mundo secreto de los ratones, Grisette ya no se aburre ni un minuto.
—¡Sé exactamente lo que voy a hacer! —se regocija.

¡Zas! Saca de su mochila mágica la otra bobina de hilo de seda de la familia Bombyx.
¡Zas! Saca de su costurero una aguja de coser.
Y ¡zas!, ¡zas!, ¡zas! La ratoncita mágica remienda su fular favorito mientras espera su nueva misión.